BEI GRIN MACHT SICH IHR WISSEN BEZAHLT

Bibliografische Information der Deutschen Nationalbibliothek:

Die Deutsche Bibliothek verzeichnet diese Publikation in der Deutschen National-bibliografie; detaillierte bibliografische Daten sind im Internet über http://dnb.d-nb.de/ abrufbar.

Impressum:

Copyright © 2019 GRIN Verlag
Druck und Bindung: Books on Demand GmbH, Norderstedt Germany
ISBN: 9783346160355

Dieses Buch bei GRIN:

https://www.grin.com/document/542894

Anonym

Umgang mit Heterogenität. Inklusiver Lateinunterricht in Bezug auf SuS mit einer Autismus-Spektrum-Störung

GRIN Verlag

GRIN - Your knowledge has value

Der GRIN Verlag publiziert seit 1998 wissenschaftliche Arbeiten von Studenten, Hochschullehrern und anderen Akademikern als eBook und gedrucktes Buch. Die Verlagswebsite www.grin.com ist die ideale Plattform zur Veröffentlichung von Hausarbeiten, Abschlussarbeiten, wissenschaftlichen Aufsätzen, Dissertationen und Fachbüchern.

Ausarbeitung zum Referat *Umgang mit Heterogenität: Inklusiver Lateinunterricht in Bezug auf SuS mit einer Autismus-Spektrum-Störung*

Inhalt

1. Einführung: Gesellschaftliche Formen zum Umgang mit Behinderung

Im gesellschaftlichen Umgang mit Heterogenität lassen sich vier verschiedene Formen herausstellen: die Exklusion, die Separation, die Integration sowie die Inklusion. Mithilfe eines von Lütje-Klose (2016)[1] modifizierten Schaubildes nach Powell (2007) sollen Definitionen der vier Begriffe einleitend herausgearbeitet werden, um im Folgenden die Rahmenbedingungen anwendungsbezogen in Bezug auf inklusiven Lateinunterricht nachvollziehen zu können.

Die Anordnung der vier Begriffe ist chronologisch zu verstehen und beschreibt einen historischen Wandel in Schule und Bildung. Obwohl die Chronologie die Inklusion als Element aufführt, besteht in der Bildungspolitik weiterhin die Forderung nach inklusiver Beschulung. Powell (2007) betont, dass der Ersatz von Segregation und Stigmatisierung durch inklusive Pädagogik noch nicht vollends realisiert ist.[2] In der Realität treten diese vier Begriffe jedoch nicht trennscharf nacheinander auf, sondern überlappten und überlappen sich.[3]

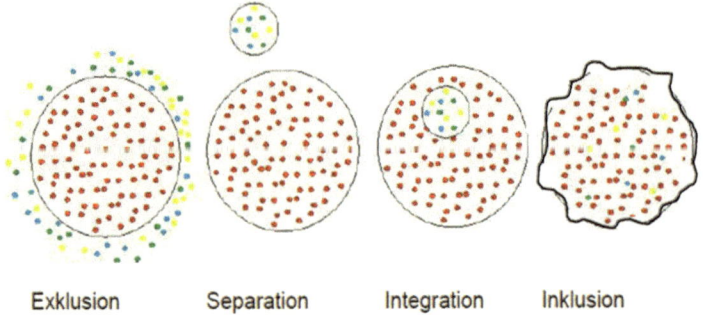

Abbildung 1 Gesellschaftliche Formen zum Umgang mit Behinderung

Exklusion meint den Ausschluss von jeglichem Schulbesuch. Die modifizierte Abbildung von Lütje-Lose (2016) verdeutlicht diesen Umstand[4], indem die homogene Masse, mit roten Punkten dargestellt, innerhalb des Kreises Platz findet. SuS mit einem

---

[1] Vgl. Lütje-Klose (2016): VL 1
[2] Vgl. Powell (2007): 337
[3] Vgl. Bürli (1997): 55
[4] Vgl. Abb. 1 auf Seite 1 dieser Ausarbeitung

sonderpädagogischen Förderbedarf finden innerhalb des Kreises keinen Platz. Sie erhalten keinen Zugang zum Bildungssystem und sind daher in der Abbildung durch
gelbe, grüne und blaue Punkte außerhalb des Kreises angeordnet. Im Vergleich zur
Exklusion schließt sich im historischen Wandel der Schulpolitik die Separation an.
Separation meint die Sonderbeschulung für SuS mit Förderbedarf. Mit der Gründung
spezieller Institutionen für Menschen mit sonderpädagogischem Förderbedarf wird
zwar eine Bildungsfähigkeit anerkannt, aber eine Aussonderung stillt keineswegs die
Bedürfnisse dieser SuS.[5] Auf dieser Grundlage lassen sich die beiden Kreise in der
Abbildung 1 zur Separation erklären.[6] Eine breite heterogene Masse bildet den großen
Kreis zur Beschulbarkeit innerhalb einer Regelschule. SuS mit sonderpädagogischem
Förderbedarf werden separat in einem kleinen Kreis dargestellt.

Integration hingegen hebt den Zustand der Exklusion und Separation auf und nimmt
die Individuen mit in die Gesellschaft auf, indem ihnen die Förderung nach individu-
ellen Fähigkeiten ermöglicht wird.[7] Es ist jedoch anzumerken, dass Gruppierungen
innerhalb der Großgruppe bestehen bleiben können. Dieses Phänomen der Gruppen-
bildung innerhalb einer Gruppe stellt Lütje-Klose (2016) mithilfe eines kleinen Kreises innerhalb der Großgruppe dar, der die SuS mit sonderpädagogischem Förderbedarf
integriert.[8] In Abgrenzung zur Integration ist die Inklusion nicht einfach dadurch gekennzeichnet, dass nun alle SuS mit sonderpädagogischem Förderbedarf das Regel-
schulsystem besuchen.[9] Der Unterschied zur Integration ist nicht einfach quantitativer
Art, sondern hat qualitativen und konzeptionellen Hintergrund.[10] Lütje-Klose (2016)
berücksichtigt dies in ihrer grafischen Darstellung insofern, dass es keine direkte
Kreisdarstellung mehr gibt. Vielmehr wird symbolisiert, dass Barrieren aufgehoben
werden, indem Gleichberechtigung und Partizipation sowie uneingeschränktes Recht
eines jeden Individuums auf persönliche Entwicklung, soziale Teilhabe, Mitgestaltung
und Mitbestimmung in einem allgemeinen Schulsystem durch Differenzierung ermöglicht werden. Das Farbschemata greift insofern die theoretische Grundlage auf, als dass

---

[5] Vgl. Bürli (1997): 55
[6] Vgl. Abb. 1 auf Seite 1 dieser Ausarbeitung
[7] Vgl. Bürli (1997): 55
[8] Vgl. Abb. 1 auf Seite 1 dieser Ausarbeitung
[9] Vgl. Sander (2004): 14
[10] Vgl. ebd.

sich die farbigen Punkte in keiner starren Anordnung befinden, sondern eine heterogene Masse bilden.[11]

Innerhalb dieser heterogenen Masse können sich unter den verschieden farbigen Punkten auch SuS mit Autismus befinden. Um Herausforderungen für den Lateinunterricht herauszuarbeiten und Maßnahmen für das Ziel inklusiven Unterrichts aufzustellen, werden im Folgenden die Formen von Autismus kurz und prägnant vorgestellt. Außerdem wird erläutert, weshalb im Kontext der Forschung von Autismus-Spektrum-Störungen gesprochen wird.

2. Formen von Autismus und der Begriff der Autismus-Spektrum-Störungen

Abbildung 2 PPT zum Referat Folie 4

Diese grafische Darstellung gibt Aufschluss darüber, dass zwischen frühkindlichem Autismus, dem Asperger-Syndrom, dem Atypischen Autismus und SuS ohne Diagnose unterschieden wird. Im Folgenden wird ein Überblick zur Definition eben dieser Formen von Autismus gegeben.

Beim Frühkindlichen Autismus treten die Symptome innerhalb der ersten drei Lebensjahre auf.[12] Es handelt sich um eine lebenslange Entwicklungsstörung.[13] Kinder, die an Frühkindlichem Autismus leiden, haben einerseits qualitative Beeinträchtigungen wechselseitiger sozialer Interaktionen, andererseits qualitative Beeinträchtigungen der

---

[11] Vgl. Abb. 1 auf Seite 1 dieser Ausarbeitung
[12] Vgl. Schirmer (³2013): 12
[13] Vgl. ebd.

4

Kommunikation, eingeschränkte Interessen[14] sowie stereotypische Verhaltensmuster.[15] So schätzen sie soziale und emotionale Signale unangemessen ein und haben einen geringen Gebrauch sozialer Signale.[16] Qualitative Beeinträchtigungen der sozialen Interaktion zeigen sich beim Frühkindlichen Autismus außerdem in nonverbalen Verhaltensweisen wie dem Blickkontakt, der Beziehungsaufnahme zu Gleichaltrigen oder dem Ausdruck von Gefühlen.[17] Die Kommunikation ist ebenso qualitativ beeinträchtigt. Es fehlt ein sozialer Gebrauch sprachlicher Fertigkeiten und es herrscht ein Mangel an emotionaler Resonanz bezogen auf eine verbale und nonverbale Annäherung durch andere Menschen.[18]

Darüber hinaus weisen Kinder mit frühkindlichem Autismus ein ängstliches Verhalten auf und haben Auffälligkeiten in ihrem Sprachverhalten.[19] Neben ängstlichem Verhalten können auch unspezifische Probleme wie Befürchtungen, Phobien, Schlaf- und Essstörungen, Wutausbrüche, Aggressionen oder Selbstverletzungen auftreten.[20] Motorische Schwierigkeiten hingegen haben sie jedoch nicht.

Für den Frühkindlichen Autismus existieren Synonyme wie das Kanner-Syndrom, der Kanner-Autismus, der infantile Autismus oder - etwas sehr allgemein gehalten - autistische Störung.[21] Leo Kanner hat diese autistische Störung im Jahr 1943 erstmals beschrieben. Daher seine namentliche Zuweisung.[22]

Eine zweite Form von Autismus, das Asperger-Syndrom, tritt im Kindergarten- oder Schulalter auf oder wird sogar noch später diagnostiziert. Hans Asperger beschrieb die Störung 1938 zum ersten Mal als autistische Psychopathie.[23] SuS mit dem Asperger-Syndrom haben keinen Sprachentwicklungsrückstand und auch keine bedeutsame Verzögerung ihrer kognitiven Entwicklung.[24] Teils haben sie besonders hohe intellektuelle Begabungen.[25] Kinder und Jugendliche mit dem Asperger-Syndrom sind sowohl

---

[14] Hiermit sind beispielsweise eine starre Routine hinsichtlich alltäglicher Beschäftigungen gemeint und ein Widerstand gegen Veränderungen.
[15] Vgl. Remschmidt (²2002): 16
[16] Vgl. Kamp-Becker/Bölte (²2014): 17
[17] Vgl. ebd.
[18] Vgl. ebd.
[19] Vgl. Remschmidt (²2002): 16 sowie Kamp-Becker/Bölte (²2014): 17
[20] Vgl. Kamp-Becker/Bölte (²2014): 17
[21] Vgl. Schirmer (³2013): 12
[22] Vgl. ebd.
[23] Vgl. ebd. und Dodd (2007): 8
[24] Vgl. ebd.: 13
[25] Vgl. ebd.

auffällig qualitativ beeinträchtigt in ihrem nonverbalen Verhalten[26] innerhalb der sozialen Interaktion, als auch unfähig, zwanglose Beziehungen zu Gleichaltrigen oder Älteren herzustellen.[27] Sie können zudem emotional nicht mitreagieren und daher nicht an der Freude oder auch an Ärger und Wut anderer teilhaben.[28] Weitere qualitative Beeinträchtigungen der gegenseitigen sozialen Interaktionen entsprechen den Kriterien des frühkindlichen Autismus.[29]

Bei der dritten Form des Autismus, dem Atypischen Autismus setzt die auffällige und beeinträchtigte Entwicklung erst im oder nach dem dritten Lebensjahr ein.[30] Es können Auffälligkeiten im Bereich der sozialen Interaktion, der Kommunikation, begrenzte, stereotype, repetitive Interessen oder Aktivitäten vorliegen, allerdings nicht in ausreichender Anzahl wie beim frühkindlichen Autismus.[31] Auf der einen Seite ist bekannt, dass der atypische Autismus häufig mit einer schweren Intelligenzminderung einhergeht. Auf der anderen Seite handelt es sich dennoch insgesamt um eine wenig eindeutig abgrenzbare diagnostische Kategorie, die bisweilen kaum erforscht wurde.[32]

Es gibt für Autismus allerdings kein unbedingt notwendiges Symptom, sondern eine ganze Symptomvielfalt.[33] Daher ist eine Diagnose des Frühkindlichen Autismus auf lange Zeit gesehen nicht immer trennscharf zum Asperger-Syndrom zu betrachten. Die Kernsymptome aus den drei Bereichen Frühkindlicher Autismus, Asperger-Syndrom und Atypischer Autismus zeigen eine entwicklungspsychologische Variabilität und bleiben bis ins Erwachsenenalter als persistierende und tiefgreifende Symptomatik erhalten.[34]

In diesem Zusammenhang legt die Bezeichnung High-functioning-Autismus zugrunde, dass die Entwicklung eines Kindes mit der Diagnose Frühkindlicher Autismus im Verlaufe der Zeit eher eine Diagnose im Rahmen des Asperger-Syndroms rechtfertigen kann.[35] Die Forschung hegt Zweifel, ob Symptomatik des Asperger-Syndroms

---

[26] Nonverbales Verhalten meint Gestik, Mimik und Blickkontakt.
[27] Vgl. Kamp-Becker/Bölte (²2014): 16
[28] Vgl. ebd.
[29] Vgl. ebd.: 19
[30] Vgl. ebd.: 19
[31] Vgl. ebd.: 20
[32] Vgl. ebd.: 20
[33] Vgl. ebd.: 16
[34] Vgl. ebd.
[35] Vgl. Schirmer (³2013): 13

und des High-functioning-Autismus am Ende der Kindheit voneinander unterschieden werden kann.[36]

Aufgrund von Schwierigkeiten in der Abgrenzung diagnostischer Merkmale werden die Formen von Autismus zu einem Spektrum unterschiedlicher Schweregrade gemeinsamer Beeinträchtigungen zusammengefasst. Die grafische Darstellung (Abbildung 3) verdeutlicht die Fusion zum Begriff der Autismus-Spektrum-Störungen (ASS).

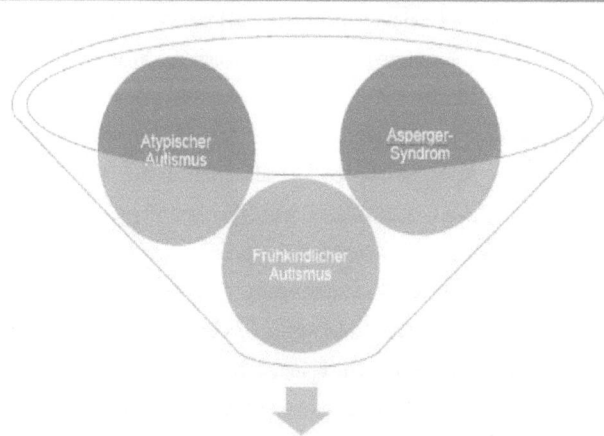

Spektrum von unterschiedlichen Schweregraden gemeinsamer
Beeinträchtigungen = Autismus-Spektrum-Störungen (ASS)

Abbildung 3 PPT zum Referat Folie 8

Alles in allem kann festgehalten werden, dass Autismus-Spektrum- Störungen tiefgreifende, genetisch verursachte Entwicklungsstörungen im Gehirn sind. Diese sind unter anderem gekennzeichnet von Auffälligkeiten im Bereich der Kommunikationsfähigkeit, Auffälligkeiten im Sozial- und Kontaktverhaltens sowie einem eingeschränkten Spektrum an Handlungen und Interessen. Mit einem Fazit von Vermeulen ([2]2012) lässt

---

[36] Vgl. ebd.

sich grundsätzlich herausstellen, dass Menschen mit Autismus generell Schwierigkeiten haben die Welt als ein zusammenhängendes Ganzes zu verstehen, denn sie erfahren Details als lose Gegebenheiten.[37]

3. Herausforderungen und Maßnahmen für autistische SuS im Lateinunterricht

Jesper (2016) stellt in seinem methodisch-didaktischen Leitfaden zur Förderung von SuS mit Autismus im inklusiven Lateinunterricht sowohl Herausforderungen als auch Maßnahmen vor. Herausforderungen treten in den Bereichen des Wortschatzes, der Grammatik, des Übersetzens, des Interpretierens, der Unterrichtsstruktur, der Motivation sowie sozialer Interaktion auf.[38] Konkrete autismustypische Herausforderungen betreffen beispielsweise die Auswahl und Kontextualisierung in der Wortschatzarbeit.[39] Eine konkrete Maßnahme hierfür können Strategien zum Umgang mit einem deutlich reduzierten Wörterbuch sein. Außerdem fehlt SuS mit einer Autismus-Spektrum-Störung die Anschaulichkeit und Konkretisierung.[40] Daher ist es wichtig, anschauliche Erklärungen zu liefern, indem Vokabeln beispielsweise in Form von Skizzen oder Schaubildern dargestellt werden. Die Feinmotorik ist ebenso eine Herausforderung für SuS mit einer Autismus-Spektrum-Störung.[41] Diese Schwäche kann mittels des Einsatzes der digitalen Medien entgegengewirkt werden. Neben der Trennung von Wichtigem und Unwichtigem, fällt es SuS mit einer Autismus-Spektrum-Störung schwer Empathie zu zeigen und in Interaktionen mitzuwirken. In Bezug auf Interpretationsaufgaben, die Empathie von den SuS einfordern, sollten für SuS mit einer Autismus-Spektrum-Störung Ersatzmaßnahmen gefunden werden, denn sie können keine logischen Schlüsse zu diesem Aufgabentypen bilden.[42]

Diese Bezeichnung der Ersatzmaßnahmen findet ebenso Verwendung in Jespers methodisch-didaktischen Leidfaden (2016). Wie die folgende Grafik[43] (Abbildung 4 auf

---

[37] Vgl. Vermeulen (²2012): 11
[38] Vgl. Jesper (2016): 11
[39] Vgl. Natzel-Glei: http://www.ruhr-uni-bochum.de/klass-phil/homepages/hpNatzelGlei.htm [Stand: 02.06.2019)
[40] Vgl. ebd.
[41] Vgl. ebd.
[42] Vgl. ebd.
[43] Gemeint ist *Abbildung 4 PPT zum Referat Folie 13*

der folgenden Seite) aufschlüsselt, bildet Jesper (2016) drei Kategorien von Maßnahmen: die Erleichterungsmaßnahmen, die Ergänzungsmaßnahmen und die Ersatzmaßnahmen.[44] Erleichterungsmaßnahmen sollen hier aus Platzgründen beispielhaft für die Wörterbucharbeit bezogen werden.

Maßnahmen für autistische SuS im Lateinunterricht

Erleichterungsmaßnahmen	Ergänzungsmaßnahmen	Ersatzmaßnahmen
• …in der *Wörterbucharbeit:* • Wörterbücher mit *reduzierten Angaben* oder eine *alphabetisch sortierte Wortkunde* statt üblicher Wörterbücher	• …in der *Wortschatzarbeit:* • Bildung von *Etymologien, Fremdwörtern, Eselsbrücken* • Verbindung von *D-L Phrasen:* Bsp.: x/y ist ein oppidum mit x/y Einwohnern. • Veranschaulichung durch *Zeichnungen/Skizzen*	• …für das Abschreiben des Tafelbildes • …für die Fixierung der Übersetzung • …für das Erkennen von Stilmitteln • …für das Verstehen von Kommentaren • …für das Zusammenfassen von Texten • …geeignete Texte und Interpretationsaufgaben

Abbildung 4 PPT zum Referat Folie 13

Solche Maßnahmen können mithilfe von Wörterbüchern mit reduzierten Angaben erfolgen. Denkbar ist auch der Einsatz einer alphabetisch sortierten Wortkunde statt üblicher Wörterbücher.[45] Zu den Ergänzungsmaßnahmen zählt Jesper (2016) die Bildung von Etymologien, Fremdwörtern oder Eselsbrücken in der Wortschatzarbeit.[46] Außerdem kann ergänzend sowohl auf D-L-Phrasen wie x/y ist ein oppidum mit x/y Einwohnern zurückgegriffen werden als auch auf eine Veranschaulichung durch Zeichnungen oder Skizzen.[47] Den dritten Bereich von Maßnahmen für SuS mit einer Autismus-Spektrum-Störung bilden die Ersatzmaßnahmen. Im Allgemeinen sollte für SuS mit einer Autismus-Spektrum-Störung für das Abschreiben des Tafelbildes eine Ersatzmaßnahme gefunden werden, genauso wie für die Fixierung der Übersetzung, das

---

[44] Vgl. Jesper (2016): 62
[45] Vgl. Jesper (2016): 62
[46] Vgl. ebd.
[47] Vgl. ebd.

Erkennen von Stilmitteln, das Verstehen von Kommentaren, das Zusammenfassen von Texten.[48]

Grundsätzlich appelliert Jesper (2016), dass es grundsätzliche Elemente gibt, die unter Bezugnahme zum Autismus im Lateinunterricht, das Unterrichtsgeschehen strukturieren sollen[49]:

> ➢ Ein selbstverständliches Ritual wird gepflegt.

> ➢ Es geht (von der Lehrkraft geführt) geordnet zu.

> ➢ Informationen werden sichtbar gemacht.

> ➢ Es gibt genügend Zeit zum Nachdenken.

Dazu stellt Jesper (2016) heraus, dass mindestens eines der vier Prinzipien erfüllt sein sollte, damit die Unterrichtsphase für SuS mit Autismus-Spektrum-Störungen geeignet ist.[50]

Auf der Grundlage des Einblicks zu Herausforderungen und Maßnahmen für autistische SuS im Lateinunterricht sollen im Folgenden beispielhafte Unterrichtssituationen vorgestellt und analysiert werden. Dabei steht die Frage im Vordergrund inwieweit die jeweilige Situation Herausforderungen beinhaltet und gegebenenfalls Maßnahmen angeboten werden können.

3.1 Beispielhafte Situationen mit Herausforderungen für SuS mit einer Autismus-Spektrum-Störung im Lateinunterricht: Inwieweit können Maßnahmen getroffen werden?

Die Unterrichtssituationen, die an dieser Stelle näher betrachtet werden, umfassen Herausforderungen bei der Bearbeitung von Interpretationsaufgaben, Herausforderungen im Bereich des Wortschatzes, Herausforderungen bei der Einführung neuer Grammatik, Herausforderungen beim Abschreiben des Tafelbildes sowie Herausforderungen bei einer Übersetzungskrise. Die Unterrichtssituationen werden kurz in Form eines Screenshots präsentiert. Dazu werden dann schließlich in Kurzform Herausforderungen und Maßnahmen beispielhaft angeführt.

---

[48] Vgl. ebd.: 62 f.
[49] Vgl. ebd.: 56
[50] Vgl. Jesper (2016): 56

Als Beispiel für die Analysearbeit zu Unterrichtssituationen soll eine Interpretationsaufgabe dienen. Die Aufgabe stammt aus dem Lehrbuch prima nova (2011) Seite 171, Aufgabe 1. Nach der Aufgabenstellung sollen die SuS Charakterzüge von Lukull in diesen Anekdoten herausarbeiten. Herausforderungen für autistische SuS können sich dadurch ergeben, dass sie Charakterzüge, die zwischen den Zeilen stehen, nicht klar benennen können. Stattdessen kann die Lehrkraft die Aufgabe so umformulieren, dass autistische SuS eine Aufgabenstellung erhalten, die für sie eine klarere Intention enthält. Dazu können Attbribute zur Person Lukull aufgeführt werden. Im Anschluss an eine Auflistung von charakteristischen Merkmalen wie hochtrabend, eingebildet, egozentrisch wird den SuS der Arbeitsauftrag erteilt, Belege für diese Charakterzüge im Text zu finden. Diese Erleichterungsmaßnahme wird dadurch gekennzeichnet, dass die SuS eher dem Operator Entdecken statt Nachweisen nachkommen sollen. Im Zuge der Verwendung von Operatoren kann ein Leitfaden angeführt werden: SuS mit einer Autismus-Spektrum-Störung sollen bei der Bearbeitung von Interpretationsaufgaben besser nachvollziehen statt bewerten, besser konstruieren statt phantasieren und besser analysieren statt produzieren müssen.[51]

Die folgenden Unterrichtssituationen umfassen die Arbeit am Wortschatz, neuer Grammatik, an der Übersetzung und nehmen darüber hinaus Bezug auf eine strukturelle Herausforderung.

Situation
Im Lateinunterricht wird ein Vokabelspiel gespielt. Dabei stellt sich ein Schüler hinter einen anderen, während die Lehrkraft beiden im Duell gegeneinander eine Vokabel abfragt. Derjenige, der sie weiß, darf sich hinter den nächsten Schüler in der Sitzordnung stellen und ein neues Duell beginnt. Das Spiel geht solange, bis nur noch ein Schüler übrig ist und keine Duellpartner mehr zur Verfügung stehen. Dieser Schüler ist dann der Sieger.
Das Kind mit der ASS weigert sich unglaublich bei dem Spiel, versucht Auswege aus der Spielsituation zu finden. Und dass, obwohl sowohl der Lehrkraft als auch dem Kind selbst klar ist, dass es alle Vokabeln weiß.
Sich einfach enthalten geht scheinbar nicht. Das Vokabelspiel wird zu einer völligen Stresssituation.

Abbildung 5 Situation I: Wortschatzarbeit - Vokabelspiel mit Bewegung

---

[51] Vgl. Jesper (2016): 47

Die erste Situation fokussiert ein Vokabelspiel, bei dem die SuS in Bewegung kommen. Vokabelspiele mit Bewegungseinsatz sind für SuS mit einer Autimus-Spektrum-Störung ungeeignet. Auch, wenn es feste Regeln im Spiel gibt, wird die Stresssituation keineswegs gemindert. Menschen mit einer Autismus-Spektrum-Störung haben Schwierigkeiten, wenn sich eine Situation abrupt ändert und spontan viele neue Reize auf sie einströmen.

Das Wesentliche in der neuen Situation zu erfassen, gelingt ihnen nicht. Obwohl das Kind alle Vokabeln weiß, überfordert ihn die ständig wandelnde Situation. Auch der kompetitive Druck der Spielsituation wird dem Kind zu viel. Körperliche Nähe ist außerdem schwierig, besonders dann, wenn andere bei dem Kind die körperliche Nähe suchen. Dennoch kann eine geeignete Maßnahme zum Abfragen von Vokabeln gefunden werden: Eine Person (i.d.R. die Lehrkraft) fragt Vokabeln ab. In dieser Lernsituation steht die Lehrkraft immer an einem festen Platz im Klassenraum. Die Lehrkraft sollte besonders auf die Parameter Zeit-, Wettbewerbs- und Notendruck achten und ihnen nach Möglichkeit entgegenwirken. Die Vokabel, die mündlich geprüft wird, wird zusätzlich an der Tafel angeschrieben.

Situation

In der heutigen Stunde sollen die Verbformen zum Indikativ Perfekt Aktiv eingeführt werden. Dazu schreibt die Lehrkraft die beiden folgenden Sätze an die Tafel (in Anlehnung an den G-Text, prima nova, Textausgabe, 56.):

- **Phillipus et Publius aedes M- Aquili intrant.**
- **Phillipus et Publius aedes M. Aquili intraverunt.**

Die beiden Sätze stehen einander vergleichend gegenüber. An ihnen soll verdeutlich werden, dass das Verb intrare verschiedene finite Formen aufweisen kann.

Nachdem die Lehrkraft beide Sätze an der Tafel notiert hat, ruft ein Kind der Lerngruppe, das an einer ASS leidet laut in den Raum: *„Nein! Ich will keine neue Grammatik!"*

Abbildung 6 Situation II: Die Einführung neuer Grammatik - Am Beispiel der Einführung vom Indikativ Perfekt Aktiv, prima nova Lektion 11

In der zweiten Situation (Abbildung 6) wird die Einführung neuer Grammatik am Beispiel der Einführung vom Indikativ Perfekt Aktiv in der Lehrbuchphase prima nova Lektion 11 untersucht.

Die abwehrende Haltung des Kindes mit der Autismus-Spektrum-Störung hängt sehr wahrscheinlich damit zusammen, dass ihm Konstanz und Unveränderlichkeit äußerst wichtig sind. Es kann Neuerungen, Änderungen oder Ergänzungen nicht in bereits bestehende Raster, die ihm Sicherheit bieten, einordnen. Ein ganz entscheidender Punkt ist zu ermöglichen, dass das Kind mit der Autismus-Spektrum-Störung nicht den Überblick verliert. Es ist sinnvoll, dass ihm direkt zu Beginn des Fachunterrichts Latein eine Übersicht über das gesamte Pensum der lateinischen Schulbuchgrammatik ausgehändigt wird. Dabei kann beispielsweise auf die von Jesper angefertigte tabellarische Übersicht zurückgriffen werden.[52] So kann sich der Schüler[53] gezielt darauf einstellen, dass pro Lektion neue Grammatik eingeführt wird. Darüber hinaus kann es sinnvoll sein, dass dem Schüler im Ausblick auf die nächste Unterrichtsstunde bereits die Einführung eines neuen Grammatikthemas angekündigt wird.

Situation

Die Lehrkraft hat die Formen zum Indikativ Perfekt Aktiv eingeführt. Anhand von dem Beispiel *introverunt* wurde die Bildung des Perfekts verdeutlicht. Dabei erklärt die Lehrkraft, dass beim Perfekt in allen Konjugationsklassen die gleichen Endungen an den Perfektstamm angefügt werden.

Die Endungen werden einzeln aufgeführt. Außerdem wird auf die Art der Perfektbildung durch v-und u-Perfekt aufmerksam gemacht.

Zusätzlich wird der Hinweis durch die Lehrkraft gegeben, dass die SuS bei vielen Verben die unregelmäßigen Formen der 1. Person Singular Perfekt Aktiv bei den Vokabeln dazulernen müssen.

Unmittelbar an die Grammatikeinführung folgt der Arbeitsauftrag, dass die SuS das Tafelbild zur Tempusbildung in ihre Grammatikkladde übertragen sollen.

Abbildung 7 Situation III: Das Tafelbild zum Indikativ Perfekt Aktiv, prima nova Lektion 11 abschreibeiben - eine strukturelle Herausforderung

---

[52] Im Angang ist sie in Großform angefügt.
[53] Mit Schüler ist hier das Kind mit der ASS gemeint. Die Bezeichnung ‚Schüler' wird im Folgenden vereinheitlicht verwendet.

Die dritte Situation umfasst eine strukturelle Herausforderung: das Tafelbild zum Indikativ Perfekt Aktiv, prima nova Lektion 11 soll abgeschrieben werden (Abbildung 7).

Kinder, die an einer Autismus-Spektrum--Störung leiden, haben sehr häufig feinmotorische Einschränkungen. Der Umgang mit einem Stift ist für sie häufig sehr schwierig. Es gibt aber auch Kinder mit einer Autismus-Spektrum-Störung, die lediglich mit einem ganz bestimmten Stift schreiben und in allen anderen Fällen ohne ihren favorisierten Stift den Schreibprozess gänzlich verweigern.[54] Grundsätzlich wird das Schreiben mit einem Stift eher als Belastung empfunden. Es ist wichtig eine Lernatmosphäre, ganz ohne Stress und Druck, zu schaffen. Dabei kann man auf verschiedene Möglichkeiten der Sicherung des Tafelbildes zurückgreifen:

> Dem Schüler wird eine Art Mindmap in ihrem Grundriss zusammengestellt, sodass er kurz und prägnant grammatische Informationen eintragen kann.

> Dem Schüler wird eine Kopie von der Seite 43 aus dem Begleitband prima nova ausgehändigt. Er erhält den Arbeitsauftrag, die Informationen, die an der Tafel zu finden sind, auf dem Zettel zu unterstreichen.

> Der Schüler tippt das Tafelbild auf einem Laptop/ Tablet ab. Mithilfe seines Tablets kann der Schüler ein Foto vom Tafelbild machen und in seiner digitalen Grammatikkladde abspeichern.

Situation vier beschreibt das Auftreten einer Übersetzungskirse im T-Text prima nova Lektion 11. Damit wird eine Herausforderung in der Übersetzungsstrategie kenntlich gemacht.

---

[54] Vgl. Schuster, N. (³2013): 92

Situation
Die SuS erhalten den Arbeitsauftrag, einen Abschnitt des T-Textes L11 in Einzelarbeit zu übersetzen. Konkret ist der Abschnitt von Zeile 4-7 (*habuit*) [32 Wörter] gemeint. Alle SuS beginnen mit der Aufgabe. Das Kind der Lerngruppe mit der ASS kommt in eine Übersetzungskrise. Ein grammatikalisches Problem bereitet ihm Schwierigkeiten. Er konzentriert sich intensiv auf das Prädikat *petiverunt*. Ihm fällt es schwer herauszufinden, von welchem Infinitiv Präsens Aktiv *petiverunt* stammt. Das Kind konzentriert sich stark, kommt aber zu keiner Lösung des Problems. Bis zum Ende der Arbeitszeit verharrt das Kind in seiner Übersetzungskrise. Deshalb bleibt keine Zeit mehr sich mit dem darauffolgenden Satz zu beschäftigen.

Abbildung 8 Situation IV: Übersetzungskrise im T-Text prima nova Lektion 11 - Eine Herausforderung der Übersetzungsstrategie

Menschen mit einer Autismus-Spektrum-Störung legen die Konzentration in vielerlei Fälle auf ein einzelnes Phänomen. Ein gesamtes System, hier ein lateinischer Textabschnitt als Ganzes, wird nicht erfasst. Tritt eine Übersetzungskrise auf, rückt das aufgetretene Problem in den Fokus und wird nicht außer Acht gelassen. Die eigentliche Aufgabe des Abschnittes von Zeile 4-7 wird in dieser Krise aus den Augen verloren. Im Vorfeld der allgemeinen Übersetzungsarbeit ist es sinnvoll, wenn Lehrkraft und Schüler gemeinsam eine Strategie mit klaren Regeln im Falle einer Übersetzungskrise entwickeln. In diesem Zusammenhang können exemplarisch folgende Regeln aufgestellt werden:

- Lateinische Textsequenzen, mit denen du dich länger als zwei Minuten beschäftigst und zu keiner Übersetzung gelangst, solltest du mit einem farbigen Stift markieren.
- Markierte Textstellen solltest du erst einmal auslassen und auch in deiner deutschen Übersetzung eine Lücke lassen.
- Gehe dann im Text weiter. Markierte Textstellen kannst du zum Ende der Arbeitsphase erneut bearbeiten und dann ggf. eine Lösung finden.

Die Lehrkraft kann außerdem Impulse geben und den Schüler darauf aufmerksam machen, dass er beim folgenden Satz weiterübersetzen soll. Ein solcher Denkanstoß kann einer Übersetzungskrise positiv entgegenwirken. Aber: Impulse der Lehrkraft können auch als Störung empfunden werden und im äußersten Fall zu einer regelrechten Arbeitsverweigerung führen.

4 Fazit

Mit dieser Präsentation soll gezeigt werden, dass sich Latein als anspruchsvolles Fach der Inklusion zuwendet. Außerdem soll auf diesem Wege vermittelt werden, dass das Fach Latein in sehr hohem Maße für Ideen und die Umsetzung differenzierten Förderunterrichts geeignet ist. Die Ausarbeitung und ebenso die vorangegangene Präsentation legen einen großen Fokus auf die Herausforderungen und Maßnahmen für SuS mit einer Autismus-Spektrum-Störung. Auch, wenn unterrichtliche Maßnahmen wie Erleichterungsmaßnahmen, Ergänzungsmaßnahmen und Ersatzmaßnahmen ihre Berechtigung finden und das Unterrichtsgeschehen positiv bedingen, muss dennoch das fachliche Niveau gewahrt werden. Den Anforderungen des Kernlehrplans muss selbstverständlich nachgekommen werden. An dieser Stelle sei nochmals darauf verwiesen, dass Inklusion eben auch bedeutet, dass es einheitliche Anforderungen und Bedingungen gibt, die für alle gelten.

Zusätzlich zu unterrichtlichen Maßnahmen wurden von der ZVO vom 29.04.2008 [mit Änderungen vom 18.06.2014] in §6 Abs. 1 Maßnahmen zum Nachteilsausgleich formuliert. Jesper (2016) hat eine Beurteilung der konkreten Formen des Nachteilsausgleichs vorgenommen[55]:

---

[55] Vgl. Jesper (2016): 69

Maßnahme	Für Autisten geeignet?	Das fachliche Niveau wahrend?
1. verlängerte Arbeitszeit	ja	ja
verkürzte Aufgabenstellung	ja	bei maßvollem Einsatz ja
2. spezielle Arbeitsmittel	ja	ja
3. mündliche Arbeitsform	eher nein	eher nein
4. organisatorische Veränderungen	ja	ja
5. Ersatz einer Mitschrift von Tafeltexten	z. T. ja	ja
6. differenzierte Aufgabenstellung	ja	bei ausgewogenem Einsatz ja
differenzierte Aufgabengestaltung	ja	ja
7. größere Exaktheitstoleranz	eher nein	nein
8. individuelle Sportübungen	(z. T. ja)	(ja)

Innerhalb dieses Fazits soll keine detailgetreue Analyse der Bewertung des Kriterien-katalogs von Jesper (2016) formuliert werden. Vielmehr soll sie einen Überblick lie-fern und als Beweismittel dafür dienen, dass es Maßnahmen gibt, die sich für Autisten eignen (z.B. verlängerte Arbeitszeiten), dass es aber genauso auch Maßnahmen gibt, die sich nicht eignen (mündliche Arbeitsformen). Auch an dieser Stelle soll nochmals besonders hervorgehoben werden, dass Jesper (2016) klar herausstellt, dass nicht jede Maßnahme das fachliche Niveau wahrt. Während bei verlängerten Arbeitszeiten das fachliche Niveau gewahrt wird, können mündliche Arbeitsformen das fachliche Ni-veau keineswegs wahren. Jesper (2016) verweist in seiner Beurteilung von konkreten Formen des Nachteilsausgleichs, dass es auch Maßnahmen gibt, die lediglich bei maß-vollem Einsatz das fachliche Niveau wahren (verkürzte und differenzierte Aufgaben-stellungen).

Darüber hinaus sei abschließend ein Gedanke angefügt, der sich auf die Diagnose der Autismus-Spektrum-Störung bezieht und nicht nur den Lateinunterricht, sondern auch alle weiteren Unterrichtsfächer betrifft. Nur bei gesicherter Diagnose sowie bei zusätz-licher Einwilligung der Erziehungsberechtigten dürfen Lehrpersonen SuS mit einer Au-tismus-Spektrum-Störung mit den Maßnahmen zum Nachteilsausgleich unterstützen.

Auch bei SuS, die keine gesicherte Diagnose einer Autismus-Spektrum-Störung haben, können Lehrkräfte keine gesonderten Maßnahmen im Lateinunterricht treffen. Es ist daher einerseits sehr erfreulich, dass es Möglichkeiten zum Nachteilsausgleich gibt, dennoch gibt es aber auch bestehende Einschränkungen in deren Anwendung, die bedacht sein müssen.

Abbildungsverzeichnis

Literaturverzeichnis

Autismus Deutschland e.V. (Hrsg.). Bundesverband zur Förderung von Menschen mit Autismus: Was ist Autismus? In: Informationen und Angebote des Bundesverbandes Autismus Deutschland e.V. Hamburg, https://www.autismus.de/was-ist-autimus.html (letzter Zugriff: 11.04.2019).

Bürli, A.: Sonderpädagogik international. Vergleiche, Tendenzen, Perspektiven. Luzern 1997.

Dodd, S.: Autismus. Was Betreuer und Eltern wissen müssen. Übersetzt von Nohl, A. Heidelberg 2007.

Jesper, U. et al.: Inklusiver Lateinunterricht. Ein methodisch-didaktischer Leitfaden zur Förderung von Schülerinnen und Schülern mit einer Autismus-Spektrum-Störung. Hrsg. von Riecke-Baulecke, Dr. T. vom Institut für Qualitätsentwicklung an Schulen Schleswig-Holstein (IQSH). Kronshagen 2016.

Kamp-Becker, I.; Bölte, S.: Autismus. München/Basel [2]2014. 44.

Lütje-Klose, Prof. Dr. B.: Einführung in die Sonderpädagogik und in die inklusive Pädagogik. Veranstaltungsnummer 250048. Erste Sitzung Einführung ins Thema und Begriffsklärungen. Universität Bielefeld. Fakultät für Erziehungswissenschaften. SoSe 2017.

Natzel-Glei, S.: Pons Latinus auf den „Wrong Planet" Fakultät für Philologie. Seminar für Klassische Philologie. Ruhr-Universität Bochum: http://www.ruhr-uni-bochum.de/klass-phil/homepages/hpNatzelGlei.htm [Stand: 02.06.2019].

Powell, J.J.W.: Behinderung in der Schule, behindert durch Schule? Die Institutionalisierung der schulischen Behinderung. In: Waldschmidt, A; Schneider, W. (Hrsg.): Disability Studies. Kultursoziologie und Soziologie der Behinderung. Erkundungen in einem neuen Forschungsfeld. Bielefeld 2007. 321-343.

Remschmidt, H.: Autismus. Erscheinungsformen, Ursachen, Hilfen. München [2]2002.

Sander, A.: Inklusive Pädagogik verwirklichen – Zur Begründung des Themas. In: Schnell, I. (Hrsg.); Sander, A. (Hrsg): Inklusive Pädagogik.. Bad Heilbrunn 2004. 11-22.

Schirmer, B.: Schulratgeber Autismus-Spektrum-Störungen. Ein Leitfaden für LehrerInnen. München [3]2013.

Schuster, N.: Schüler mit Autismus-Spektrum-Störungen. Stuttgart [3]2013.

Utz, C.; Kammerer, A. (Hrsg.): Prima Nova. Latein lernen. Textband, Regensburg 2011.

Vermeulen, P.: Über autistisches Verhalten. Gent [2]2012. 11.